Milet Publishing
Smallfields Cottage, Cox Green
Rudgwick, Horsham, West Sussex
RH12 3DE England
info@milet.com
www.milet.com
www.milet.co.uk

First English–Somali edition published by Milet Publishing in 2013

Copyright © Milet Publishing, 2013

ISBN 978 1 84059 815 5

Original Turkish text written by Erdem Seçmen
Translated to English by Alvin Parmar and adapted by Milet

Illustrated by Chris Dittopoulos
Designed by Christangelos Seferiadis

Printed and bound in Turkey by Ertem Matbaası

My Bilingual Book

Smell
Urka

English–Somali

How do you smell a garden of flowers?

Maxaad ku urisaa beerta ubaxa?

Or the fresh air after rain showers?

Ama hawada cusub marka roobku qaado?

Smell is one of our senses, as you know.

Sidaad og tahay, urku dareennadeenuu ka mid yahay

It's the reason you have a nose!

Waana sababta uu san kuugu yaal!

Like hearing, sight, taste, and touch,

Sida maqalka, aragga, dhadhanka iyo taabashada,

your sense of smell tells you so much.

dareenkaaga urku wax badan buu kuu sheegaa.

It helps you decide what you like to eat,

Wuxuu kaa caawiyaa doorashada wixii aad cuni lahayd,

and animals you don't want to meet!

iyo xayawaanka aadan u dhowaateen!

Your nose is your detective for finding cakes.

Sankaagu waa baarahaaga doolshaha kuu hela.

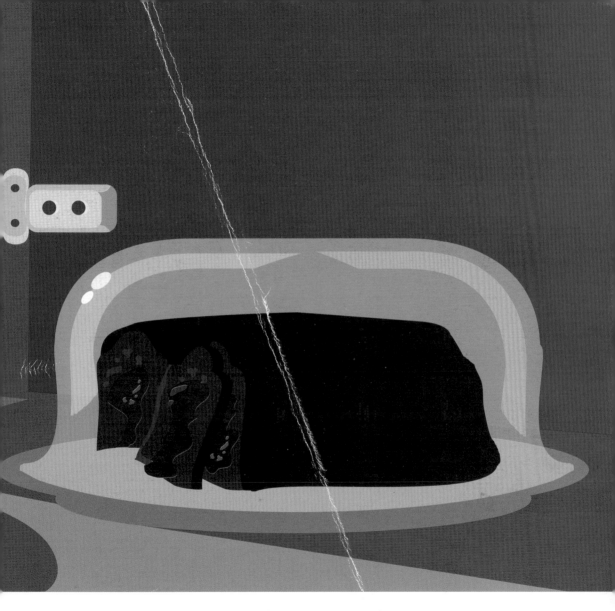

It will track down goodies, whatever it takes!

Wuxuu kuu raadiyaa wixii macaan, wax kasta ha ku qaadatee!

Your smell sense tells you where you are,

Dareenkaaga urku wuxuu kuu sheegaa meesha aad joogtid,

in a forest, by the sea, or in a city full of cars!

Kayn dhexdeed, bad agteed mise magaalo baabuur badan!

There are so many smells that we enjoy,

Ur badan baa jira oo aan ku raaxeysanno,

like soap and bread and our best cuddly toy!

sida saabuunta iyo rootiga iyo ciyaarta aan aadka u jecel nahay!

When you smell yourself and say, oh my gosh!

Marka aad adigu is urisid ood tiraahdid, belaa ka dhacday!

You know it's time for a really good wash!

Waad og tahay in la gaaray xilligii aad qubaysan lahayd!

A cold makes your nose stuffy and red,

Hargabku sankaaga wuu xiraa wuuna caseeyaa,

but it will get better if you rest in bed.

ha yeeshee waad roonaan haddii aad sariirta ku nasatid.

And once you are well,

Marka aad bogsatidna,

go out and smell!

dibadda u bax oo wax soo urso!